나는 예수의 사랑스러운 모델

강다인 시집

시인동네 시인선 177   강다인 시집

나는 예수의 사랑스러운 모델

시인동네

시인의 말

아이를 위해 기도문을 썼다.

쓰면 쓸수록 아이는
입을 더 굳게 다물었다.

2022년 6월
강다인

차례

시인의 말

제1부

맨홀의 시작 · 13
오늘의 라커룸 · 14
이를테면, 모자論 · 16
티키타카 · 18
새해 · 20
장마 · 22
주머니 속의 소지품 · 24
고독 극복법 · 27
품위 · 28
기프티콘 · 30
나는 예수의 사랑스러운 모델 · 32
예의 · 34
철계단 · 36
풍선 · 38

바나나 · 40

질주의 달인 · 42

스노우 폼 세차 · 44

제2부

넥카라 · 47

M의 사생활 · 48

자모일기 · 51

그 아이의 시소 · 52

비행(非行) · 54

와플피플 · 56

큐브 · 58

수단 · 60

그녀의 식탁 · 62

언니가 화장대를 껴안고 산 이유 · 64

돌이킬 수 없는 · 66

자동차극장 · 68

내비게이션 · 70

이태원 이미테이션 · 72

당신의 바니타스 · 74

예스의 아바타 · 76

슬리핑 기차 · 78

제3부

스타벅스 · 81

애인 · 82

타이레놀 · 84

한여름의 외식 · 86

가스라이팅 · 88

라라랜드 · 91

트라마돌 · 92

주저앉은 사람 · 94

코코코코리투살 · 96

그냥 와락, · 98

눈썹 · 100

화 · 102

리듬이 없는 정오 · 104

의자 · 105

꽃피는 원피스 · 108

오름 · 110

탯줄 · 112

테트리스 · 114

해설 디스토피아를 살아가는 두 가지 방법 · 115
황정산(시인·문학평론가)

제1부

맨홀의 시작

은혜라는데 은신입니다
입체라는데 평면입니다
반응이라는데 적응입니다

계곡이라는데 개울입니다
검은 숲이라는데 사막입니다

둥글다는데 세모입니다
유산이라는데 가업입니다 쓰러진다는데 날이 섭니다
나의 정부는 수치라는데 당신의 정부는 감사랍니다
심지어 인류의 끈이랍니다

당신은
전쟁 없이 획득한 전리품,

이 구멍을 나는 버릴 수 없고
당신은 이 구멍을 벗어날 수 없습니다

오늘의 라커룸

1
기대도 있고 본능도 있습니다
나를 여밀 수 있는 도구는 허리에 달린 끈 하나가 전부입니다 최선을 다해 여자가 됩니다

의자에 앉습니다 다리를 꼽니다
다리라는 끈으로
몸을 여밉니다

2
지퍼가 고장입니다 그 남자
여며야 할, 단속해야 할 무엇도 지퍼 속에는 없다고 합니다 지퍼가 고장 난 그를 그대로 두듯
자존심의 체위를 방치합니다 당신을 허용합니다
어제는 행복했습니까 당신은 최고의 장면을 향해 달려가지만 빈약한 스턴트맨입니다
뛰어내립니다
주먹으로 내리칩니다

목숨 값으로 지펴는 그를 여밉니다

3

그 남자 구겨진 운동화 뒤축을 끌고 늦은 귀가를 합니다 현관문 비밀번호를 누릅니다 그 남자는 현관문의 비밀을 아는 유일한 사람입니다 하지만 현관문은 그 남자를 모릅니다 앞으로도 알지 못할 것입니다 다만, 그 문은 습관처럼 남자를 단단히 여밉니다

4

오늘도 내 몸은 예절을 잘 지켰습니다 원피스 끈을 풀 때입니다 옷걸이는 잘 버텨줍니다 오늘의 라커룸에 넣어둡니다 원피스를 품은 라커룸은 여기까지 묵묵히 걸어온 나의 발자국을 여밉니다 내일의 뜀박질을 위해 오늘을 여밉니다

이를테면, 모자論

가령 2층을 당신의 머리 위에 얹힌 모자라고 합시다
무겁습니까? 높습니까? 안면 근육이 경직됩니까?
꼿꼿하게 머리를 들 수 있겠습니까
나는 샹들리에가 매달린 천장 아래 앉아 있습니다

왜 백설공주는 일곱 난장이들인가요
기다리기로 합시다 기다리기로 합니다
내가 기다리는 사람은 일곱 난장이들, 수직으로 곧게 뻗어야 우아함을 유지합니다
샹들리에의 천장 아래를 난장난장 걸어서
1층으로 이어진 계단을 칸칸 내려옵니다

다만 불운입니까 불운입니다
일곱 난장이들은 수직의 성장을 거부했습니까

물질은 수직과 명분을 가르칩니다 나 역시 풍부한 물질 덕분으로 수직으로 자랍니다 모자를 쓴 사람 중 한 명입니다 주먹이 날아와도 내 손으로 벗을 수 없는 모자입니다

샹들리에가 나의 동선을 따릅니다
이를테면 2층을 난장이들의 머리 위에 얹힌 모자라고 칩시다
끌끌 혀를 찰까요 살살 문지를까요

모자라는 괴물을
당신 가까이 두지 마십시오
누구든 괴물로 만들어버리는, 당신의 뇌를 조종하는
소프트웨어입니다

어제 나의 다리와 머리카락, 발톱과 손톱이 사라졌습니다
더욱더 깊이 모자를 눌러 씁시다

티키타카

견뎌낸 시간을 과거라 부른다 견뎌낼 수 없는 시간은 미래라 부르기로 한다 과거와 미래의 시간은
  저 붉은 꽃무릇의 잎과 꽃의 시간

  당신의 하품과 나의 눈물이라 해도
  틀리지 않은 사건으로 기억하자

  당신이 내게 지금, 을 정의하라면 나는 두 눈을 감겠다 반짝이는 섬광, 꺼지지 않고 버텨내는 빛의 무리를 지금이라 하겠다 그리고 두 눈 속에서 답을 찾겠다 수없이

  사랑하는 남녀라 하겠다 세모로 접어둔 책의 한 페이지라 하겠다
  그 밑줄 쳐진 문장이라 하겠다
  도무지 읽히지 않는 문맥이라 하겠다

  몸을 잃은 낱말들로 과거를 기억하고 지긋한 입술로 미래를 기록하며 달뜬 몸으로 지금을 기대하려 한다

당신이 내게 다시 지금, 을 정의하라면

나는 당신의 보폭을 닮아가는 내 보폭의 너그러움이라 하겠다 보폭과 보폭의 행간의 뜻이라 하겠다 다시 꽃무릇이 피고 지는 일을 소소하게 바라볼 수도 있겠다

피었다가 지는 꽃무릇의 한 잎을 지금이라 하겠다
당신과 내가 걷는 길 위의 구름을 지금이라 하겠다

새해

가여운 인질
나는

양파 껍질을 벗기고 청소기를 돌리고 손톱을
다듬으며 재방송 중인 드라마를 듣네

드라마 속 여주인공 슬리퍼의 동선은 보나마나
뻔한 스토리

그것은 레일을 벗어나지 않는 긴 열차의 몸을 닮았네

모서리가 닳은 모래시계가 애인을 흘려보내네
애인은 책장 구석에서 도망을 잊은 채,

나는 돋보기를 끼고 애인을 뚫어지게 바라보네
애인의 거짓말은 언제나
미시적

모래시계 속으로 애인을 다시 밀어넣네

널브러진 외출복이 추던 춤을 멈추고
안경은 지문을 끼고 시간을 훑어내리네

나의 가여운 인질
달력은

야윈 다리를 한숨과 폭설 사이에 걸쳐놓았네

장마

모든 작업은 시작이 반이라죠 이제 능숙한 솜씨로 수분을 잔뜩 머금은 먹구름을 찾아야 해요

부엌 바닥에 물길이 열려요 투둑투둑 의성어로 만들어내는 무늬를 따라가야 해요 설탕과 소금은

잠시 보류예요
달고 짠 맛을 알기에는 아직 일러요

가끔 해가 날 때가 있을 거예요 혹, 하면 곤란해요
속지 마세요 그런 날일수록
환청과 환시의 레시피는 더 불티나게 팔렸으니까요

최고의 만찬을 계획했어요 근사한 야외 테이블을 준비했고 고급진 나무와 꽃을 줄 세웠는데

흔들리고 뒤틀리고 젖어듭니다

속수무책
우왕좌왕

부엌 바닥의 물길, 상황이 만만치가 않습니다

소녀는 울고 소년은 더 용감해질 기미가 보이지 않아요
길을 가다 멈춘 소녀의 표정에는
검은 물이 주르륵 흘러내릴 때까지, 라고만 쓰여 있습니다

맛을 알 수 없는 소녀의 눈물이 장마래요

이후는 모든 게 그래서
다시 시작입니다

주머니 속의 소지품

1
너를 제외한 내 형제자매와 너의 세계와 내 강박의 용의자
가 있다

치 떨리는 그곳이 언제나 옳다고 말하고 있는 내가
있다

2
형제자매들은 각자 한 장의 사진을 주머니에 넣고 다닌다
희로애락을 짐작하기 어려운 흑백의 사진

더 나은 소지품은 없나 너희들의 어머니는 주머니 속의 소
지품으로는 적당하지 않나

누구도 갖고 싶은 소지품으로 어머니를 선택하지
않는다

3

오른발부터 내딛는 세계의 오래된 습관들

그 외에는 아무것도 없는 너의 세계를 경험한다

이후 나는 내 당부를
나의 언어로 읽고 있었고, 너는 너의 언어로 듣고 있었다는 사실을 알았다

완벽하여라
무결하여라

이것은 내 최선의 주문이다

4
너의 세계로 이어진
터널 끝에서
오늘,

오른발을 내딛는다
오른쪽에서는 모두 주머니 속의 소지품으로 한 장의 사진을 넣고 다닌다
빈 터널이 이어진 흑백의 사진

너와 나의 세상에 오른쪽이 있는 이유다

고독 극복법

내 방에는 카키가 많습니다

나도 당황스럽습니다 카키는 키위 하나를 씻지도 않고 입에 넣은 느낌입니다
가렵고 까끌까끌한,

지금 내 입속에 관해서 아는 사람은 아무도 없습니다
나는 알레르기로 살아가는 여자

고독에도 알레르기가 있습니다
욕실 환풍기를 켭니다
날개가 세차게 돌아갑니다

내가 생각하는 어디든 갈 수 있습니다

(이것은 최근에 내가 깨달은 고독 극복법입니다)

품위

이야기는 끝났다

당신은 비스듬히 누운 자세로 다음 이야기를 기다려 건방진 아라비아 왕처럼 한쪽 손으로 머리를 받치고

널뛰는 고양이를 좋아하니 젖빛 안개 속에서 들려오는 웃음소리가 궁금한 새벽도 있었으니 그렇지 않으면 책상 위 컴퓨터가 물어온 일일 드라마에 댓글을 달고 싶었던 적은

내 주치의 소견으로는 목이 심하게 부었으므로 더는 이야기를 계속하는 건 아주 위험한 일이라며 다소 과장된 표정을 섞어 엄포를 놓더군

차라리 사실을 털어놓고 비아냥을 기다려야 하나 아니면 이야기를 훔치기라도 할까

내 이야기는 하품거리
내 이야기는 농담거리

훔쳐 온 이야기는 틀림없이 당신을 흥분시키겠지
내 이름이 뉴스의 헤드라인을 장식할지도 모를 일

거리는 거짓말로 넘쳐나고 아가씨는 번쩍이는 불빛 아래서만 이야기를 늘어놓지 당연히 남자는 사랑스런 우리 공주라며 추켜세우더군

널뛰는 고양이 젖빛 안개 속 웃음소리 일일 드라마 댓글
웃기는 소리 하지 말라 그래

나는 지금 내 몸 어딘가가 가려워
말이 꿈틀거려 물고 있는 고양이를 뱉어버리라고

기프티콘

편의점 바에 앉아 있다 먼저 간 사람들의 호흡은 사라졌다 앉았던 자세는 그대로 두고

아무도 겹쳐 앉은 흔적은 없다

바의 특성이다
유리창을 마주 보고 한 줄로 나란히 앉는 것이다 정면을 보면 내 미간을 볼 수 있는 곳이다
고개를 돌리는 횟수가 잦아진다

그의 티셔츠를 샀다 인디 핑크를 선택했다 정 마음에 들지 않는다면 교환하라는 진심도 전달했다

나는 까만 레이스 원피스를 입고 있다 그 위에 저 옷을 겹쳐 입어도 어울리겠다고 생각했다
그의 티셔츠를 샀다 둥근 얼굴형을 감안해서
브이넥으로 골랐다

파이팅입니다
파이팅

고개는 돌리지 말아요 유리창이 비춰주는 서로의 고백을 알아들을 때까지 생각해보기로 해요 지금 그와 나는 나란히 바의 유리창을 각자의 위치에서 마주 보고 앉아 있다 견뎌야 하는 시간을 계산 없이 견디고 있다

편의점 바는 나란히 앉을 수 있어서 매력이에요
마주 보는 세계도 어두운 심장으로 변하고 있어요
아무도 저 세계를 설득할 수 없어요

나는 예수의 사랑스러운 모델

내 아빠는 예수
엄마는 세 명

아빠는 알 수 없는 숫자

엄마는 가득했다 아빠는 넘쳐났다

예수는 지루했다
엄마는 즐거웠다

나는 예수의 사랑스러운 모델

 눈은 반쯤 감고 팔을 집어넣었다 누군가의 손이 나를 안으로 끌었다

 젊은 예수는 내 쇄골을 다듬는 일에 집중했다 젊은 예수는 완만한 곡선을 사랑했다 예수를 위해 내 몸은 웅크린 곡선을 만들었고 다듬어진 쇄골을 자랑스러워했다

예수는 이 모든 상황이 기도 덕분이라고 했다 엄마는 들어본 적 없는 기도문을 계속 써야 한다고 했고
이제는 지루하지 않다고 했다

아빠는 세 명
엄마는 알 수 없는 숫자

예수는 가득했다 엄마는 넘쳐났다

엄마는 지루했다 엄마는 예수를 십자가에 못 박았다 예수의 쇄골은 곡선으로 다듬어졌다
아빠는 쉽게 태어났다

나는 모든 게 지루한 딸이었다

예의

귓속에 설탕을 넣고 다녀요 아침에 세수하는 일보다 헤어밴드를 하고 잠자리에 들기 전 메이크업을 지우는 일보다 먼저,

나는 귓속에 남은 설탕의 양을 확인합니다

이것이 바로 당신을 향한 나의 가장 적극적인 예의

안녕,
우리는 서로의 귓속 컨디션을 확인합니다

귓속 설탕 창고의 크기는 도무지 가늠할 수가 없어요 내 귓속은 자꾸만 달콤해집니다

귓속으로 들어오는 당신의 말은 간지러워요
붉어지는 귀를 숨기며 내 몸은 녹아내려요

귀가 두께를 가지도록 두지 말아요

설탕이 귓바퀴를 타고 흘러내려요 나는 방치합니다

당신은 밤새 왈츠를 연주하고 나는 밤새
탭댄스를 춥니다

다만,
내 귓속은 설탕의 기억을 가두는 법을 알지 못합니다

철계단

아니야 아니야 아니야 고개를 저으며
뜰 줄만 아는 눈을 달고,

불안은 철계단이 되어 반복적인 걸음을 유도한다

헷갈린다,
그때 손은 어디에 뒀는지

손은 내 눈을 떠났다
저기요, 누구라도 내 손의 행방을 찾아주세요

앞사람의 뒤꿈치를 기억하고 기억하고 기억하며
또 한 칸을 오른다

누군가 철계단을 흔든다 철계단은 반복적으로
출렁인다

철계단을 끊어야 해요,

풀린 동공으로

인공호흡
인공호흡, 서둘러요

식은땀을 흘리며 나는 웅성거리는 소리를 듣는다
아주 멀리서 들리는

괜찮으세요?

풍선

풍선에 귓속말을 불어넣어요 내 입에서는 기침이 나오구요 나는 한껏 상기된 얼굴로 풍선을 쥐고 있는 손가락에 힘을 더 주지요

풍선만큼 협박에 능통한 물건은 본 적이 없어요
터져버릴 거라는 둥
정신줄을 놓아버릴 거라는 둥

내가 식사 준비를 할 때나
바닥을 닦을 때
가스 검침원과 짧은 인사를 나눌 때도

풍선은 소리 죽여 제 몸에 가시를 꽂아요 둘의 관계는
내 귓속말보다 더 긴밀하죠

귓속말은 시한폭탄

나는 풍선 앞에서 공손해져요

풍선이 부풀고 있어요

이제 묶을 수도 없이 부풀었지만
터져줄까
정신줄을 놓아줄까
이 말은 하지 않을래요

나는 풍선을 데리고 살아요

바나나

한눈을 판 사이,

바나나 한 손이
듬성듬성 검버섯을 덮고

허리를 구부리고
있다

베개도 괴지 않고 이불도 덮지 않고

맨바닥이다
이쪽 손이 저쪽 손을 잡지 못했다

물컹했다

몽고반점 아이가 몽고반점 아이들을 낳았고
고향은 없어졌다고 했다

근심을 놓지 못한 손
내 손으로
바나나의 평생이 건너왔다 어릴 적 엄마의 입에서 물컹해
진 바나나가 내 입속으로 건너왔던 것처럼

이제 겨울 강물 같던 시린 시절도 아득해서
덩그러니 누운 채 쓸모를 다한 줄도

몰라서

바나나는 황달 걸린
손이었다

질주의 달인

내 이름은 배달통
그저 당신들 생각대로 불러주시면 감사하겠습니다

하루에도 몇 번씩 승진의 궤도를 달리는 엘리베이트만큼 통쾌한 오늘의 실적에

청춘을 겁니다

불꽃 튀는 하루하루 전후좌우에서 들리는 자동차 컬렉션의 야유 뒤통수에 박히는 매너남의 손가락질

무슨 대숩니까 가볍게 손 한번 흔들어주고 부릉부릉,

배달통 뚜껑을 엽니다 당신의 입을 막을 수 있습니다 함부로 비웃지 마십시오

내 꽁무니의 뚜껑은 견고합니다 당신의 입과 손가락에 눈물 흘릴 일은 없습니다

어디로 튈지 모르는 럭비공 인생이라지만
럭키가이
오늘도 두 바퀴로 굴러가지요
도로를 정복한 이력만은 확실하니까요 내일은 아우토반을 내달릴 겁니다

빨간 양심을 입은 선거 후보자의 유세가 한창입니다 그이에게 눈 한번 찡긋,
손도 한번 흔들어주고

내 이름은 배달통
생각대로 오토바이 달려갑니다

스노우 폼 세차

입은 채로 섰습니다 심장은 멈추었습니다

잠시 현기증이 생길 수도 있습니다 착시의 놀라움을 경험할 것입니다 효과음은 백색소음이 전부,

꾸벅 졸립기도 하겠습니다

자, 시작합니다 거품을 분무합니다 사방이 암흑입니다 주르륵 거품 눈물은 누가 흘린 걸까요

그대로 꼼짝없이 서 있습니다 저항할 수 없습니다
양쪽 귀에서는 계속 이명이 들립니다 눈을 비벼봅니다
크랭크 업, 사인을 보냅니다

초록 불이 들어옵니다

이제 풍선 기구를 타고 날아볼까요
끝없는 모래사막을 달려볼까요

제2부

넥카라

내가 내 혀로 내 마음을 핥아요

눈 뜨면 내 마음은 다시 상냥, 머리맡의 스텐드는
언제부터 환했을까요

내 속에 갇힌 눈은 퇴화합니다
내가 등 뒤로 숨겼던 모든 것을 안심시켜요 알아요 빛이라
는 것은 원래 그렇습니다
누구나 가면을 쓰고 웃게 하지요

몇 알 수면제를 삼켜요 그리고 꿀꺽 눈물을 마셔요
두 눈을 깜빡거리며
복제된 가면을 만들기 위해서 표정을 만들어요

한 마디 말도 하지 못했는데, 안개가 짙어요 내 혀는 지쳐
가요 당신은 늘 안개 속에 서 있어요

들키려거든 차라리 들켜버려요

M의 사생활

턱수염을 민 당신에게 M이라 부르자 우리는 둘도 없는 사이가 됐어요 M은 울대를 가진 나와 같은 소리로 울었지만 그건
단지 흉내 낸 것뿐이라고 딱 잘라 말했어요

M은 나와

하다 만 엄마놀이와 쌓다 만 집짓기놀이를 마저 하자고 조르기만 할 뿐 막상 시작하면 역할이 뜻대로 되지 않는다며 난폭해지기 일쑤였어요

이제 그만해 이 따위 놀이
정말 역겨워

M과 나는 그래서 각자의 침대를 만들어 커튼을 쳤어요

M이 여가생활로 키우는 토끼는 M과 동성 그런데 하나같이 충혈된 눈을 달고 서로의 뒤꽁무니를

맴돌아요

맴을 돌아요
눈이 충혈될 때까지 다리를 허공에 대고 허우적거려요 목의 울대를 숨기기 위해 흰 털을 키우는 토끼들이

검은 풀이 무성한 숲의 방향을 향해

그날 이후, 가래침을 뱉듯 족보에서 쫓겨난 가엾은 나의 M

아빠와 나누어 가진 울대가
치 떨리도록 싫어
진절머리나

M의 토끼들의 눈은 M의 턱수염이 다시
자라날수록
더욱더 핏발이 섰어요

M은 지금도
 자기의 울대 안에서 내 울음소리를 흉내 내는 중이라고 딱
잘라 말하고 있어요

 하다 만 엄마놀이와 쌓다 만 집짓기놀이는 적성에 맞지 않
는다며 온통 토끼몰이에만 몰두 중이구요

자모일기

 당장 낳지 않으면 아이도 산모도 위험하대요 그래서 낳은 내 새낀데 낳은 기억이 없어요

 쭉정이구요 말라깽이에요 볼품이 없어요 아이들마다 엄마를 부를 수 없는 입술로 태어나요

 머리인지
 항문인지

 엉켜 있어요 감겨 있어요 나는 풀어줄 재간이 없어요 아이를 낳을 때마다 나는 손가락질을 당해요

 천륜이니
 부디
 다복한 가정이 되길 바란대요

그 아이의 시소

아빠는 마술사
엄마는 아빠의 관절인형

아빠는 엄마를 쉽게 살리고 죽여요

그럼 내 엄마는?

있는 사람
없는 사람

그게 무슨 대수라고

아빠는 한창 때 엄마를 사랑했대요
이제 엄마는 죽는 연습에 한창이구요

사랑은 이렇게 하는 거야
그림자놀이에 빠져버린 아빠
밤낮으로 아빠는 사랑을 설파 중이에요

다정하게 골똘하게

손에는 가장 아름다운 마술봉을 쥐고
눈은 치뜨고

아빠는 남자
나는 남자 취향도 악력도 다정한 목소리도 정확하게 일치하는 유전자

아빠, 보세요
사랑은 죽을 각오로 하는 거예요

나는 관절인형을 죽이고 있어요

그러니까, 아무 일도 아니에요

비행(非行)

구두점은 아직 눈에 띄지 않는다
여기에 더하여 한 권의 일기장을 더 꽂는다

p 뜻하지 않은 탄생

엄마의 자장가를 한 번도 들어보지 못한,

p 망설이는 눈물
잘못 찍힌 구두점

바싹 마른 입술을 혀로 적시며
먹구름 대신 백합이라면, 흐린 하늘은 비극일까 희극일까

눕자
누울까

결국은 눕자

우는 어린 아이와 눈이 붉어진 유일의 성녀
우는 소리는 낯설다

p 빗발치는 손가락의 시선들
p 숨 쉴 수 없는 쉼

소란스러워, 시끄러워 미칠 지경이야
그만, 구두점의 페이지를 덮는다

소문은 은밀하고

황홀한 구두점
p 그러므로

와플피플

계란으로 바위를 치고
바위로 계란을 깨고

당신과 나와의 밀도는 마트에서나 채워지고

끓고 있는 냄비 속 부대찌개는 부대낄수록 거품을 물고

거리에는 뿔 돋은 왕관에 대한 온갖 피셜들이 범람 중이고

여러분,
잠시 얼음땡

우는 아이의 입에 슈렉 마스크를 씌우고

허기지지 말자며 햄버거를 광고하는 슈퍼스타의 햄버거는 축구공만 하고

456번을 향해 달려가는 오징어게임 신봉자들은

달고나처럼 누런 황금 앞에서 눈 녹듯 눈이

녹아내리고

골키퍼 있어도 골은 들어간다는 말은
청춘들의 연애의,
연애에 의한,
연애를 위한 격언이 된 지 오래

그러거나 말거나

바위는 계란을 본체만체
계란은 바위를 본체만체

큐브

꽃이 피고 지고 출렁다리가 흔들리기도 해
가끔은 지뢰가 발견되었다고도 하지

그럼 아찔한 절벽은 어떠니
오로지 발톱과 손톱의 인내만으로 오르게 될 거야

나는 독백하고
너는 이따금 방백을 하지

이만하면 될까요 꽃은 심자마자 죽어버리는 걸요
보세요
내 얼굴도 흐물거리고 있어요

그런데
고백과 방백 사이의 절벽은 누가 세운 벽인가요

발아래로 보이는 저곳으로 엄마,
달려가 봐요 한 발 아래면 출렁다리를 흔드는 바람이

비껴가요 다시 한 발 아래는
온갖 꽃들이 명랑해요

그런데 엄마,
지뢰는 어디에 숨겼을까요
엄마 발아래 아니면
내 발아래?

  너는 참 곤란한 아이구나
  엄마는 네가 절벽에서 바라보는 그만큼의 높이를 가진 큐브를 건축 중이라는 걸 모르겠니

  조금만 기다려라 아이야,
  너는 엄마의 고백을 까맣게 잊게 될 테니

수단

흰색과 검정색이 전부인 곳이 있다
기어다니는 것과 걸어다니는 것이 일직선으로 위치하는 곳이 있다

옷을 입은 짐승과 옷을 입지 않은 인간이
공존하는

내가 나를 확인하는 순간의 선택지가
이분법으로만 존재하는 곳이 있다

뒤돌아선 남자가 있고 애원하는 아이가 있다

쉽게 슬퍼해서는 안 되는 마음이 있다 맘껏 웅웅거릴 수조차 없는 곳이 있다
시선을 함부로 나누는 것이 가장 곤란한 예의인 곳이 있다
그저 바라만 보는 것이 살아남는 방법인 곳이 있다

내 말이 예언이 되는 그런 곳이 있다

엄마는
내가 열에 들떠 살[肉]이 내렸을 때 거미 같다, 고 했다

그녀의 식탁

그녀는 언제나 안개꽃 다발을 원해요
안개꽃 다발은 수다스럽고 백합 한 송이는 텅 빈 응접실에 혼자 남겨진 아이스럽죠

혼자 눈 뜨고 감고 질문만 있고 대답은 없는
4인용 식탁,

그녀의 집은
멀고도 아득하지요

혼자 살면 낮도 밤도 헷갈리나요
그럼
걷고 있는 그림자는 몇 개?

뜯지 않고 쌓아둔 택배 상자처럼 말은
쌓이고 쌓여요

그것이 바로 그녀의 혼자입니다

눈을 감고 뜨는 건 아주 쉬워요 웃을 때도 눈을 감고 울 때도 눈을 감아요 그녀는 정원을 감은 눈 속에 숨겨뒀나 봅니다

가끔 그녀의 눈 속에서 꽃이 피곤 했으니까요

오늘은 안개꽃 말고 백합 한 송이를 가슴 위에 올려두고 누워요

그녀는 오늘도 혼자여서 아름답습니다

언니가 화장대를 껴안고 산 이유

언니는 알고 있었을까
거울 분화구 속 일그러지는 일에 집중한 얼굴

같은 듯 다르게 연속된 장면
머리를 움켜쥐고 부자연스러운 미소로
언니는 알고 있었을까

입으로 기록한 뜻이 일치하는
언니의 말

아른거리는 어제와 부둥켜안은 다음날 아무것도 하지 않는 것에 대해 나는 알지

언니가 화장대를 껴안고 산 이유 언니 말은 언제나 분화구 속에서만 끓는 것에 대해 언니의 얼굴이 나를 반복해

나를 반복해

웃겨,
웃겨 죽을 일

거울 속 언니의 얼굴이 하나로 뭉쳐져 입술을 깨물어

화장대
거울 속 분화구 나는 없고 화장을 지우는 언니가 있어 아무 말도 입 밖으로 내뱉지 못하는 엄마가 있어

돌이킬 수 없는

발가락은 까딱거리되, 일정한 속도를
유지해야 한다

블루스도 아름답군요 오늘은 탱고라면 더 낫겠습니다

발화 시점은 발가락이 더욱
난처해질 때

다르다와 틀렸다
이전과 이후 사이에서 탄력 있게
까딱까딱,

떠나보내고 떠나기 위해
접두사와 접미사로 기록되는 당신의 말은 어려워

뜨거움은 불미스러운 실수
돌이킬 수 없는
난감함

피었던 때와 기우는 때
사이에서

당신 발가락은 아직 바닥에 닿아 있다
탱고 리듬에도 펴지지 않는
우리의 무릎

자동차극장

초콜릿을 먹을래
사탕을 삼킬래

여자의 핸드백은 마시멜로
부풀어요 부풀어 올라요

우린 지금 첫, 만남 중이에요

좀 더 구체적으로 이 상황을 설명하자면,

좁은 공간만큼 긴장된 농담
두 다리의 뒤틀린 각도

여기서는 소등입니다
가늘게 떨리는 속눈썹이 발각되면 곤란해요
가면과 가면을 맞대고 주파수를 맞춰보세요

입속의 초콜릿을 녹여봐

사탕을 요리조리 굴려봐

오늘 같은 날은 피자 조각처럼 마음을 나눠요
오늘의 마음은 오늘만큼만 먹기로 하죠
자칫, 한눈팔다간 클라이맥스를 놓칠지도 몰라요

곰곰이 생각해보니
여자는 마음을
핸드백 속에 농담처럼 숨겨두더군요

내비게이션

나는 영원하다
가던 길을 멈추지 않는 한 나는 죽지 않는다
과학체험 학습장 졸음쉼터
야생동물 보호구간 표지판을 경유 후
톨게이트

달리고
달린다

불현듯 솟아나는 명칭이 있다 명칭만 있다

우왕좌왕은 없다
좌충우돌은 없다
내 발자국은 없다 그러나 내 동선은 남는다

너도 없다
얼굴도 없다
누군가 없는 네게 경고한다

너는 그곳에서 살고 있으며
너의 모든 경유지와 목적지는 기록된다

지워지지 않을 너의 과오는 남는다

진정한 휴머니스트의 세상이다

이태원 이미테이션

그래서 무엇을 위해 어디로 가지
사과나무 아래에 가지런히 벗어놓은 신발은 의외의 뒷배경

말라버린 허물도 뒤틀린 사과나무도 예언은 들려주지 않지

그 많던 이유는 어디에서 분실한 걸까

가짜 뱀피 무늬 백을 들고 징그럽게 웃는 여자
쇼핑백에 든 썩은 사과를 들고 찌질하게 우는 남자

안경을 끼워줄까
안개 이불을 기워줄까

뱀은 주렁주렁 붉은 사과를 달고 치를 떨며
우글거리는 사과 사이에 툭,

눈 뜨지 마
입 벌리지 마

두려운 건 밤이 아니야
잊지 못할 것이 뱀이 아니듯

그러므로 무엇을 구했니
어디까지 도착했니

남과 여는 지금
네온사인 천국에서 찬란한 동거 중

당신의 바니타스

다문 입술 위에 검지를 세로로 세운다
입술의
중앙, 그 속의 혀

세로의 경계선이 뚜렷하다
말은 선과 악이 공존해서는 안 된다

규칙에서 발을 뺀 것은 너의 실수
유난히 길고 정확하게 선과 악으로 갈라진 너의 혀

지금 우리가
기록하고 읽고 있는 역사는 피치 못할 사연일까요?

어디에도 발설하지 마세요 누설하지 마세요 말은
입과 혀로 하는 게 아닙니다

 오늘도 말문을 닫은 사람에게 하얀 시트를 머리끝까지 덮어주고는 기도를 합니다

그를 죽었다고 부르기로 합니다

경건하지도 묵직하지도 않고
예의도 모르는 혀를 가진 내 검은 입술 속
내 혀는 길을 잃고 이성을 잃어 편 가르기를 하려 합니다
기형이 되려 합니다
당신의 중지로 정확하고 단호하게 눌러주십시오

이해하려 합니다 빛을 따라가려 합니다

나는 이제 자유합니까

입술 속의 혀는 얌전합니까 혀 위의 당신은 건실합니까

예스의 아바타
―언니에게

이유 없는 딸꾹질과 반복되는 악몽의 장면과 익숙한 얼굴의
무표정 속에서

너는 예스의 아바타
충실한 세포분열자
심플한 긍정인

지금도 너는 그것을 배우고 익히며 그것을 즐거워하지

네 수사법은 간결했으나 엄마의 중얼거림과 떠난 아버지의 유언과 네 두 날개 위에서 위태하게 바람의 방향을 바꾸고 있는 너의 울음이 견디고 있는 걸
나는 알고 있다

질문하는 너와 대답하지 못하는 너의 갑자기 떠난 아버지의 유언을 삭제하자

너는 아버지의 유전자를 물려받아 신발에 신발을 겹쳐 신고 동서남북을 익혔으나
너 또한 몇 줄의 시시한 유언을 내뱉고
아버지의 계보를 찬양하며 기뻐할 것이다

너를 닮은 아버지의 얼굴, 너는 신었던 신발 위의 신발을 벗어던진다

이건 너의 유일의 수사법이다

슬리핑 기차

나는 공항과 담 하나를 사이에 두고 살아요 알고 보면
이 동네는 꽤나 흐뭇한 동네예요
비행기는 매일 보지만 여행은 그닥 좋아하지 않아요
공룡도 팅커벨도 궁금하지 않아요
은하철도 999는 아주 익숙하답니다
나는 공항 매점에서 커피를 마셔요 여행객들은 관심 없어요
여행객은 매일 보지만 여행은 그닥 좋아하지 않아요
외계인과 인연을 맺은 적은 없지만
자전거 탄 소년과 손가락을 맞댄 ET는 진즉에 알고 있어요
머리 위에서 비행기가 뜰 때마다 갇힌 눈 속의 행성은
비행운을 따라 뛰어요 나의 비행은 운이 없지만
구름은 차고 맑아요
지금 나는 공항 매점에서 커피를 마시며 여행객들의
가방 속을 훔쳐요 인도의 아가씨를 훔쳐요 알프스 꽃향기를
훔쳐요 시베리아 횡단 열차를 훔쳐요
훔친 것들을 먹고 배가 부른 나는 익숙하게 노곤해져요
공항이 아니라 공황이라네요

제3부

스타벅스

 수치라는 물고기를 뱃속에서 키워보신 적 있습니까 모이를 줍니까 잔반을 먹입니까 공급되는 쟁점은 무한리필입니다 잠시 억울하다고 눈을 부릅뜨지 마세요 순간 보람차다고 환호성을 지르지도 마세요 주변은 고요합니다 저쪽 구석진 의자를 보세요 상사화가 피고 있지 않습니까 하루 온종일을 피고도 며칠을 더 피어날 것입니다 꽃은 수치스러울 수도 수치스러워서도 안 됩니다 향기를 가두는 일에 집중해야죠 이 별의 여왕인 인어는 언제나 높은 곳에서 초록 물결 가발로 위장을 한 후 내려다봅니다 이별은 무거워 이별 후에 오는 손님은 고개를 떨구고, 문손잡이를 밀고 들어오는 게 버거워 보입니다

 당신의 우울은 어느 별에서 이별 중입니까
 당신을 위한 초록 물결 가발입니다

 유심히 보세요 젖은 눈이라도 상관없어요
 오늘의 당신의 드레스 코드는 수치입니까 우울입니까

애인

욕망의 시제는 지금 당장입니다

애인의 그림 속은 온통 갈라진 땅과 엎질러진 물과 컵 그리고 머리카락이 흩어져 있어요

안절부절입니다

발가락을 숨긴 낡은 구두를 그려요 아주 소심하고 은밀한 동작입니다

지금은 시기가 적절하지 않아요
나의 그 무엇,

불현듯은 욕망의 가장 적절한 표현입니다 꿈틀거리는 발가락은 욕망의 최고의 발현입니다

지금 애인의 그림 속 구두끈이 풀리고 있어요

어지러운 배경, 미세한 떨림

 발가락은 더 거친 동작으로 갈라진 땅속을 깨고 나올 거예요 단정한 바비인형이 울고 있어요

 불현듯, 말입니다

타이레놀

내 오감은
이미
오작동 중이다

하루는 하루를 대 채우기도 전에 저물었고
처음은 언제나 마지막 언어를 사용한다

몇 번의 구애는 빗나가고
손발은 풀린 나사처럼 아귀가 맞지 않다

 벽에 걸린 그림을 해석하려다가 소파 위 쿠션의 위치를 바꾸었으며, 뒤돌아서서 화초의 돋아나는 새잎을 세어보다가

 욕조에서 떨어지는 물방울 소리에
 집중하다가

 그만,

크리넥스 티슈를 뽑는다

서툴고 어눌한 입술로 당신보다 더
당신에게 서술적이던
시절

당신의 고백은 묵음이었으므로
나는 당신을 샅샅이 파악해야 했다
나는 나를 샅샅이 파악해야 했다

나는 침대에 누운 채로 당신의 묵음 속으로 파고든다

한여름의 외식

미식을 위해 기도합시다 하룻밤을 허락합시다
눈이 큰 바지만 들여보내세요

허풍을 떨며
하품을 하며

그들의 육질을 위해 묵념합니다
묵념을 합시다
한 손에는 거룩한 성배 한 손에는 뿅망치, 진심으로 영면을 빌어줍시다

여기저기 인증샷을 찍으며

그런데 당신은 왜 숙인 머리 뒤에서 웃음을 참지 못하는 겁니까

돌보지 않는 나의 혀여
돌아보지 않을 나의 넥타이여

당신은 헛기침을 두세 번 하고는
이 따위 장난감 망치로는 어림없어.
좀 더 믿을 만한 것을 가져오라며 당신의 내일 아침
기분의 해체를 위한 집도를 시작합니다

당신은 또 하룻밤을 살았고
마지막 꿈을 꾸었고

일인용 테이블의 접시는 잘 닦여져 있습니다

가스라이팅

나는 공주의 시중

그녀에게 아름다운 목소리로 명작 동화 중 왕자 편을 들려주는 일을 합니다 한 글자 한 글자 또박또박 무엇보다 리얼하고 애틋하게

공주님, 오늘은 다리 손질을 해야 하는 날입니다
비늘이 떨어져 나가지 않도록

나를 바라보세요 나만 바라보세요

매일 밤 공주는 쉽게 내게 다리를 보여주었고 나는 아무렇지도 않게 아주 짧은 순간을 즐겼지

나는 공주에게 바다 밖의 세상에 대해 구체적으로 설명하기 시작했어 공주는 흥미로워했고 흥분했으며 몽롱한 꿈을 꾸는 눈빛이기도 했지 나는 더 디테일하게 이야기를 꾸며내기 시작했어

더는 공주의 시중이 아니었지

공주는 내 이야기를 듣지 않은 날이면 길을 잃기 십상이라고 나를 부탁해, 라며 은밀히 고백했지 나는 더 조심스럽게 이야기를 고조시키고 있었고,
어제보다 오늘 오늘보다 내일이

더 위험하게 아름답게

아무도 눈치채지 못하게 공주를 사랑한다고 속삭였지
공주마저 눈치채지 못하게

공주는 나의 시중 나는 공주의 왕자

공주는 내 입 주변을 맴도는 한 마리 아름다운 물고기 뻐끔뻐끔 거품을 뿜어내는
거품만 뿜어내는

아가미를 가진 한 마리 물고기

나는 이 머메이드 롱스커트를 벗어야 해요 당신의 모든 이야기는 진실이고 사실이겠죠 다음 이야기를 계속해주세요

아무도 눈치채지 못하게 점 점 흐리게 조심스럽게

내 비늘은 벗겨져요
더 긴박하게, 소심하게

라라랜드

절벽이 높아서 한 번의 날갯짓으로도 날 수 있었던 눈부신 한때였다

트라마돌

내 주치의는 약의 성분들을 읊조리며

순환, 순환입니다
잘 돌아야 해요

나는 뒷머리를 감싸 안으며 어제도 다 먹지 못하고 뱉었다구요 머리가, 머리가 깨질 듯 아팠거든요 아무래도 쥐의 성분이 들어갔나 봐요 나는 머지않아 쥐의 목소리로 울고 외치게 될 겁니다

천장을 올려다보며 두통을 잊어보려 쥐를 세기 시작합니다

쥐 한 마리...... 쥐 두 마리...... 쥐 세 마리......
껍질이 벗겨진 붉은 쥐들

저렇게 흉측한 쥐들 틈에 끼여 나는 매일 주는 밥만 먹으며 누구와 무엇에 대해서도 대화를 나눈 적이 없지요

오늘밤은 몰래 이곳을 빠져나가기로 합니다 그중 재빠른 눈을 단 쥐는 눈치챘을까요
뒤통수에서 쥐의 온기가 느껴집니다

제발 저 쥐의 성분을 똑바로 파악하라구요
쥐의 울음소리를 듣는다는 게 끔찍하기 짝이 없는 일이라구요

약을 먹다 말고 복도를 뛰어요 내 머릿속에서 쥐들이,
뒷머리를 움켜쥐고, 뒷머리를 감싸 쥐고

나는 쥐의 발자국을 따라 제자리만 돌아요
잘도 돌고 있어요

주저앉은 사람

직선이 아니기를 바랍니다
머리 위에는,
자꾸만 꿈틀거려지는 유혹의 정원입니다
그 속도와 용기는 내 가슴에서 등을 관통할 만큼 강력합니다

끝은 있습니까
시작의 반복과 반복을 끝이라고 생각합니까

가끔 구름을 조각내고 있는 나를 봅니다 구름은 바람이라는 접착제의 아류라 마음에 흡족합니다
뭉텅뭉텅 떼놓아도
무리 지어 떠다니는 구름은 바람을 존경하지요

구름은 빛 속에 꽃씨를 심고 비를 뿌리고

먼 길을 걸었지만 아직은 빛 속입니다 눈을 뜰 수 없는 어둠보다 더 짙은 어둠의 중심부입니다

땅을 밟을 수 있을까요

어느 날 작은 소리를 들었습니다
그때 나는 주저앉은 사람이었습니다

빛은 우울합니까 비명은 따뜻할까요
당신은 그냥 지나칩니다 당신의 정면을 지나칩니다

지금 내 발 아래는 빛,
쓰러지고 주저앉은 사람뿐입니다
정작 빛 속에 갇힌 순간은
그 누구도 자신이 빛의 중심에 있다고 생각하지 않습니다

코코코코리투살

고객님의 취향을 최대한 존중합니다

앵무새가 됩니다

1.
매장을 방문하는 고객님의 코가 설령
피노키오 코의 성분을 포함한다 하더라도 나는
완벽하게 눈감아 준다

2.
첫째도 둘째도
내 코는 언제나 바닥을 향해 자라야 한다

  입과 손을 분실했습니다 코는 당신을 고객님, 이라 부르기로 한 첫날
  잃어버렸습니다

  산소량이 부족합니다 그런 이유로

고객의 응대는 발이 대신합니다
진실된 마음이니 받아달라고 합니다

피노키오가 죽은 이유는
자신도 주체하지 못하는 코 때문이었다고도
알려주어야겠습니다

코코코코리투살

거울 앞에 섰습니다 축하용 꽃다발을 들고

3.
코가 발아합니다 입속입니다
자라지는 않습니다

그냥 와락,

그녀는 코너로 난 창틀을 털고 있었어요

풍선은 부풀어 있을 때만 살아있었어요 첫, 소년이 툭. 풍선을 건드리고 지나갑니다

우리는 동시에 우연은 가벼운 터치가 아니라고 했어요
이상하게
동시에

우연의 반복에 의한 필연의 가능성에 대해 생각했어요 첫 소년의 뒤를 이어 두 번째 소년이 지나갔지만, 풍선은 안중에도 없었어요

젖은 눈의 사과는 긴 이별의 신호였습니다

코너는 위험을 감수해야 하는 위치 그곳을 지날 때면 조금 더 길어진 목과 발끝을 주의해야 했어요 지나쳐간 소년들은 다시 되돌아오지 않았습니다

가까워질까요 그렇다면 참을 수 있겠습니다
기다려 봅니다 우리에게도 성립할 한 번의 우연을,

언제나 우연은 숨길 수 없는 흥분

하지만 우연이 터치만이라면 왠지 싱거울 거예요

그렇다면 눈 질끈 감고
그냥 와락,

눈썹

모나리자 티슈만 있고
모나리자는 없는 방

모나리자는 눈썹을 두고 떠났다

언니는 매일 아침 엄마 화장대 앞에서
숯검댕이처럼 눈썹을 그렸다

언니의 눈 속은 온통 일그러진 아이의 얼굴로
얽혀 있었다

언니는 눈썹을 그렸다가 지웠다가
언니는 눈썹을 어루만졌다가 외면했다가
눈썹을 두고

밋밋한 얼굴로 떠나버렸다

모나리자 티슈는 모나리자의 그늘을 먹고 살았다

엄마는 모나리자 티슈로 눈썹을 지운다
지운 데를 지우고
또 지운다

눈썹 없는 언니가 서 있다
눈썹 지운 엄마가 서 있다

서로 마주 보고 눈썹을 그려준다

화

개 이름은 넘버 원이라 했고
너는 개보다 못한 꽃,
개를 사서

너는
개 주인이 돼야 하나
오늘은 마트에 가서

엽총을

한 자루 사고
지난주 메모를 확인하고
최초는
몇 번
죽어야 하나

방아쇠를 당겨라
개야

걸리는 대로 짖어버려

네가 던진
질문을 물어뜯을 때다
나는 넘버 원이다

그런데 무슨 이유로
너는
게거품을 문 거니?

리듬이 없는 정오

어제 나눈 인사를 오늘도 다정하게 건넵니다

당신
오늘의 리듬은 어떠신가요

감미로운 목소리로 스피커가 위험을 알립니다
붉은 선이 그어졌다 지워졌다 모스부호 같습니다

딸각딸각
의자를 규칙적으로 움직입니다
앞으로 뒤로
뒤로 또 앞으로

볼륨을 올립니다
리듬을 탑니다

눈동자 풀린 거룩한 표정을 리듬 속에 숨겨요
나와 나는 두고두고 신비한 얼굴을 가질 겁니다

의자

지금부터
지극히 사소한 내 얘기를 하려고 하네

나는 양은냄비의 성질을 쏙 빼닮은 심장을 가졌다네 그런 이유로 때로는 불같이 화르르 타올랐다가 순식간에
냉정해진다네

눈치챘겠지만 자네 짐작이 맞다네
나는 사랑이 가장 쉬웠다네 멋대로 뜨거웠다가
동의 없이 식어버리면 그만,

뭐니뭐니해도 사랑만 한 유혹은 없더군
어렵지 않았다네

침대에 누워 의자만 바라보았다네
타오르는 심장은 어둠 속에서도 의자의 모습을,
등받이의 각도와 낡은 정도 쿠션의 문양 놓인 위치까지

만져지지 않아도 보이지 않아도 거기에 있다는 걸 알겠더군

이보게, 나는 다만 의자를 사랑했다네 적당히 뜨거운 심장과 적당히 붉은 입술과 적당히 넓은 품을 가진
의자 말일세

기분에 따라서는 안기면 속수무책
나른해지는 의자, 정확히 말하자면 이 한 줄이
사랑의 정의 아닌가

나는 양은냄비의 성질을 쏙 빼닮은 심장을 아직
버리지 못했다네

의자들은 나를 떠날 때마다 하나씩 이름표를 붙여주더군
불같은 심장으로 나는 지금까지도
그들이 남긴 이름표를 붙이고 산다네

이보게,
　오늘도 나는 커튼이 쳐진 이곳에서 끓어오르는 심장만으로 눈앞에 있을 의자를 보고 있다네
　내 심장은 또 하나의 이름표를 붙일 준비를 한다네

　생각해보면 내게 의자는 지극히 사소한
　놀잇감이었다네

꽃피는 원피스

원피스의 밑단은
세상의 온갖 보풀을 쓸고 다니죠

이 사랑은 몇 년식인가요 보풀이 일 정도로 낡았습니다

사랑은 반드시 수선과 세탁이 필요해요

우리 동네는 세탁소 천국
우리 동네 세탁소는 실패한 사랑의 드레스룸

열 받은 다리미에서 입김이 뿜어져 나온다

사랑도 사람이 하는 일

떼어낼 보풀은 없다, 감쪽같이 잊었다
펴야 할 주름도 없다, 다시 그날이다

미니스커트보다 원피스 사랑이 좋다

밑단이 쓸고 온 보풀을 견디는 힘으로 나는

사랑을 주고
사랑을 한다

원피스에는 오늘도 보풀이 인다

다시 봄, 화르르 타오르는 꽃피는 원피스

오름

조화는 꽃의 모자를 쓰고도 자연스럽다

미나리아재비는 꽃의 모자를 빌려 쓰지도 못하고
미나리아재비로 시든다

원인도 모르고

그 시절
나는
미나리아재비였다

언니는 가르쳐주지 않은 걸음걸이
말라 부르튼 입술
하얗고 긴 손가락

나는 나에게 중독된 후였다

손바닥과 손바닥은 영원히 잡아서는 안 되는 구름 조각들

쥐어짜지 않아도 일시에 쏟아지는
장맛비의 절정

그 시절
나는 여름을 건널 수 없었다

탯줄

하나의 달을 가진다는 건 자만이라고 했다
세상의 모든 달은 배가 부를 거라고도 했다

손톱과 발톱을 숨기고 순하게 밥을 받아먹는
애완견의 둥근 배

탯줄을 타고 나에게 건너온 엄마를 그대로 닮은 달을 여행지에서 모른 척 두고 오고 싶다고
고백했다

가장 낯선 웃음소리를 가진 아이는 달 속에 두 개의 창을 가진 집에서 살았다

아이는 어른이 되었고 나는 늙지 않는 아이로 살았다

달은 의심스러웠다
아무리 뻗어도 닿지 않는 짧은 팔로
내 등을 내가 어루만졌다

힘닿는 데까지
얼룩이 닿을 수 있는 데까지

아직 늙지 않은 아이야, 등 뒤에 있다는 건 끝까지 숨겨야 한다는 거란다

숨길 게 없는 등을 가진 아이는
벌써 어른이 되었고

엄마의 달은 언제나 의심스러웠다

풀리지 않는 매듭은 달 속에서
물컹물컹,

테트리스

손발이 묶인 채로 사육당한
쥐의 얼굴

마지막은 모자이크 처리로 고인에 대한 예를 갖춘다

작고 비교적 지저분하며 빳빳한 꼬리를
쥐도 새도 모르게 감추던 그는
쥐도 새도 모르게
모자이크 처리된 결말로,

전철은 주검을 경유하고
출근길의 직장인들은
모자이크 속으로 태연하게 걸어 들어간다

주변은 온통 죽은 쥐와 산 쥐가 득실거리고
이제 그들의 경계는 없다

전철이 나의 허리를 관통하고 있다

해설

디스토피아를 살아가는 두 가지 방법

황정산(시인·문학평론가)

1. 들어가며

최근 우리 사회에서 한 드라마의 영향으로 "추앙"과 "환대"라는 단어가 신드롬을 일으키고 있다. 어찌 보면 평범한 이 단어에 이리 큰 반향이 일어나는 것은 그만큼 우리 사회가 이 단어들의 의미와는 멀어져 왔다는 점을 반증하는 것이기도 하다. "추앙"은 높이 받들어 우러러 본다는 뜻을 가지고 있다. 그런데 우리 사회에는 추앙할 대상이 이미 사라지고 없다. 종교는 자본에 의해 병들어 있고, 권력은 부패해서 누구도 종교나 정치지도자들을 추앙하지 않는다. 대신 증오를 통해 자신들이 지지하는 세력이나 믿음을 증명할 뿐이다. "환대"는 자신의 취향, 경험, 문화, 신념, 신앙에서 배제되어온 타자를 마음으로 받아들이는 행위이다. 그러면서 스스로 변화하고 자신의 세계를 확대해가는 일이다. 그러므로 그것은 자신을 버리면서도 또 지켜야 하는 무척 어려운 일이기도 하다. 특히 인종과 성별과 나이에서까지 차별을 심화시켜 온 우리 문화 풍토 속에서 환대는 더욱 어려운 일이다.

사실 추앙과 환대라는 말과 반대로 최근 우리 사회를 지배하는 키워드는 배제와 증오라 할 수 있다. 나의 정체성은 누군가를 부정하고 배제하면서 만들어지고 나의 믿음은 내가 믿지 않는 것을 악마화하여 증오하는 것으로 강화된다. 특정 정치인을 욕설과 증오의 언어로 질타하는 수많은 유튜버들의 영상물이 이를 잘 보여주고 있다.

이런 시대에 시는 무엇이어야 할까? 어떤 언어로 이 시대를 말해야 할까? 강다인의 시들은 이런 질문에 대한 하나의 답이 될 수 있다. 어쩌면 그의 시들은 이런 현실을 대하는 첨단의 대응 양식이 아닌가 한다. 하여 이 글은 문학이론에 의거한 일반적인 작품 해설과 달리 강다인의 시를 읽는 최소한의 방향타 역할에 충실하려 한다. 그의 시는 그냥 읽고 음미하며 놀라운 장면에 이르러서는 자연스럽게 동조해주면 되기 때문이다. 그것이 강다인이 펼쳐놓은 이 진귀한 세계를 훼손시키지 않고 오롯이 보존하는 방법이 될 것이다.

2. 배제와 억압의 디스토피아

너무도 상식적인 이야기이지만 전통적인 서정시는 일인칭의 문학 장르이다. 주관적으로 열망하는 세계와 보편적 가치의 세계를 일치시켜 감동을 끌어내는 것이 전통적 서정시의 문법이다. 파편화된 현실에서 꿈꾸는 안온하고 조화된 완전한 세상, 즉 일인칭의 유토피아가 바로 대부분의 서정시들이 의존하고 있는 기본적인 문법이다.

강다인의 시들은 이와 반대편에 서 있다. 그의 시들은 흔히 전통적인 서정시가 보여주는 일인칭의 유토피아에 갇혀 있지 않고 한 개인의 경험을 사회 속으로 확대한다. 이를 통해 주관과 세계 사이의 거리를 보여주고 거기에서 디스토피아로서의 현실의 모습을 확인한다.

> 은혜라는데 은신입니다
> 입체라는데 평면입니다
> 반응이라는데 적응입니다
>
> 계곡이라는데 개울입니다
> 검은 숲이라는데 사막입니다

둥글다는데 세모입니다
유산이라는데 가업입니다 쓰러진다는데 날이 섭니다
나의 정부는 수치라는데 당신의 정부는 감사랍니다
심지어 인류의 끈이랍니다

당신은
전쟁 없이 획득한 전리품,

이 구멍을 나는 버릴 수 없고
당신은 이 구멍을 벗어날 수 없습니다
—「맨홀의 시작」 전문

  둥글다고 알려진 세상이 날 선 세모로 보이듯이 세상은 항상 나의 열망과는 다른 것으로 존재한다. 은혜라고 믿고 싶은 나의 믿음은 사실 나를 감추는 은신의 수단일 뿐이고, "검은 숲"을 원하지만 세계는 지구온난화로 사막화가 빠르게 진행되고 있다. 그런데 세상이 내게 강요하는 이 인식의 굴레를 어느 누구도 버리지도 벗어날 수도 없다. 나는 바로 이렇게 인식되는 세계 안에서의 존재이기 때문이다. 이런 인식의 굴레는 배제와 억압으로 나타난다.

1

기대도 있고 본능도 있습니다

나를 여밀 수 있는 도구는 허리에 달린 끈 하나가 전부입니다 최선을 다해 여자가 됩니다

의자에 앉습니다 다리를 꼽니다

다리라는 끈으로

몸을 여밉니다

2

지퍼가 고장입니다 그 남자

여며야 할, 단속해야 할 무엇도 지퍼 속에는 없다고 합니다 지퍼가 고장 난 그를 그대로 두듯

자존심의 체위를 방치합니다 당신을 허용합니다

어제는 행복했습니까 당신은 최고의 장면을 향해 달려가지만 빈약한 스턴트맨입니다

뛰어내립니다

주먹으로 내리칩니다

목숨 값으로 지퍼는 그를 여밉니다

3

그 남자 구겨진 운동화 뒤축을 끌고 늦은 귀가를 합니다 현관문 비밀번호를 누릅니다 그 남자는 현관문의 비밀을

아는 유일한 사람입니다 하지만 현관문은 그 남자를 모릅니다 앞으로도 알지 못할 것입니다 다만, 그 문은 습관처럼 남자를 단단히 여밉니다

4

오늘도 내 몸은 예절을 잘 지켰습니다 원피스 끈을 풀 때입니다 옷걸이는 잘 버텨줍니다 오늘의 라커룸에 넣어 둡니다 원피스를 품은 라커룸은 여기까지 묵묵히 걸어온 나의 발자국을 여밉니다 내일의 뜀박질을 위해 오늘을 여밉니다

—「오늘의 라커룸」전문

여민다는 것은 단정하게 바로잡는다는 뜻이다. 그런데 여미는 것은 우리를 무엇으로 한정하는 것이기도 하다. 끈으로 허리를 여미고 다리로 꼬아 여미는 것은 여자가 되기 위해서이고 지퍼를 채워 여미는 것은 그 안에 단속해야 할 남성성이 들어 있기 때문이다. 그리하여 우리는 이 여미는 것을 통해 현관문 안에 갇히는 존재가 된다. 시인은 이렇게 온순한 라커룸에 넣어둔 내가 무엇인지 묻고 있다. 결국 여미는 것은 내일을 뛰기 위한 것, 다시 말해 일상의 삶을 위한 노동을 해야 하는 노예의 길일 뿐이라는 것이다. 이런 인식을 통해 시인은 내가 어디에 있는가를 묻고 있다. 잘 여민 나의 옷과 태도로

표현된 나는 과연 누구인가? 여며지는 것으로 나는 여자가 되고 여며야 할 것으로서 그는 남자가 된다. 나는 너에게서 배제되고 그리고 모두 현관문 안에 또는 라커룸 안에 갇힌 존재로서 살아간다. 그것은 결국 "내일의 뜀박질"이라는 강요된 일상의 삶을 위한 것이기도 하다. 이렇듯 우리는 배제와 억압 속에서 일상을 보내고 있다. 다음 시는 좀 더 상징적이다.

> 내 아빠는 예수
> 엄마는 세 명
>
> 아빠는 알 수 없는 숫자
>
> 엄마는 가득했다 아빠는 넘쳐났다
>
> 예수는 지루했다
> 엄마는 즐거웠다
>
> 나는 예수의 사랑스러운 모델
>
> 눈은 반쯤 감고 팔을 집어넣었다 누군가의 손이 나를 안으로 끌었다

젊은 예수는 내 쇄골을 다듬는 일에 집중했다 젊은 예수는 완만한 곡선을 사랑했다 예수를 위해 내 몸은 웅크린 곡선을 만들었고 다듬어진 쇄골을 자랑스러워했다

예수는 이 모든 상황이 기도 덕분이라고 했다 엄마는 들어본 적 없는 기도문을 계속 써야 한다고 했고
이제는 지루하지 않다고 했다

아빠는 세 명
엄마는 알 수 없는 숫자

예수는 가득했다 엄마는 넘쳐났다

엄마는 지루했다 엄마는 예수를 십자가에 못 박았다 예수의 쇄골은 곡선으로 다듬어졌다
아빠는 쉽게 태어났다

나는 모든 게 지루한 딸이었다
　　　　　　―「나는 예수의 사랑스러운 모델」 전문

"예수는 가득했다 엄마는 넘쳐났다"는 것은 세상에 사랑과 은총이 가득하다는 것이다. 하지만 그럴수록 규율과 질서를

이야기하는 "아빠는 쉽게 태어"난다. 너무 많아서 진짜 사랑인지 모르는 사랑과 우리의 삶을 쉽게 지배하는 질서와 규율은 "지루한 딸"이라는 권태로 표현된다. 권태는 억압이 내재되어 고통을 느끼지 못하는 무력감의 표현이다. 이러한 권태 속에서 시인을 포함한 우리들은 모두 사랑을 베푸는 가상의 존재 "예수"의 모델이다. 실제의 대상이 아니라 가상의 사랑을 가상의 주체가 가상의 대상에게 베푸는 그런 놀이를 세상은 우리에게 강요하고 있는 것이다. 이렇듯 억압은 권태가 되어 우리의 삶에 깊이 스며든다. 배제와 억압은 또한 우리에게 증오와 정서를 심어준다.

풍선에 귓속말을 불어넣어요 내 입에서는 기침이 나오구요 나는 한껏 상기된 얼굴로 풍선을 쥐고 있는 손가락에 힘을 더 주지요

풍선만큼 협박에 능통한 물건은 본 적이 없어요
터져버릴 거라는 둥
정신줄을 놓아버릴 거라는 둥

내가 식사 준비를 할 때나
바닥을 닦을 때
가스 검침원과 짧은 인사를 나눌 때도

풍선은 소리 죽여 제 몸에 가시를 꽂아요 둘의 관계는
내 귓속말보다 더 긴밀하죠

귓속말은 시한폭탄

나는 풍선 앞에서 공손해져요
풍선이 부풀고 있어요

이제 묶을 수도 없이 부풀었지만
터져줄까
정신줄을 놓아줄까
이 말은 하지 않을래요

나는 풍선을 데리고 살아요
—「풍선」 전문

 "풍선"은 내 안에서 부풀어 오르고 있는 증오의 감정이다. 우리는 항상 이 증오를 품고 산다. 일상의 삶을 살아갈 때나, "가스 검침원과 짧은 인사를 나눌 때"같이 타인과의 만남의 시간에도 내 안에는 항상 풍선처럼 부풀어 오르는 그러나 꾹 눌러 참아야 하는 분노와 증오가 일어난다. 그것이 터져 내가 정신줄을 놓는 일이 벌어지지 않도록 항상 조심하지만 이 분노의 감정을 우리를 버릴 수 없어 데리고 살고 있다.

3. 견디기와 벗어나기

그렇다면 우리는 이 배제와 억압에 어떻게 대응하며 살아야 할까? 강다인 시인은 일단 견뎌야 한다고 말한다.

   견뎌낸 시간을 과거라 부른다 견뎌낼 수 없는 시간은 미
  래라 부르기로 한다 과거와 미래의 시간은
   저 붉은 꽃무릇의 잎과 꽃의 시간

   당신의 하품과 나의 눈물이라 해도
   틀리지 않은 사건으로 기억하자

   당신이 내게 지금, 을 정의하라면 나는 두 눈을 감겠다
  반짝이는 섬광, 꺼지지 않고 버텨내는 빛의 무리를 지금이
  라 하겠다 그리고 두 눈 속에서 답을 찾겠다 수없이

   사랑하는 남녀라 하겠다 세모로 접어둔 책의 한 페이지
  라 하겠다

그 밑줄 쳐진 문장이라 하겠다
도무지 읽히지 않는 문맥이라 하겠다

몸을 잃은 낱말들로 과거를 기억하고 지긋한 입술로 미래를 기록하며 달뜬 몸으로 지금을 기대하려 한다

당신이 내게 다시 지금, 을 정의하라면

나는 당신의 보폭을 닮아가는 내 보폭의 너그러움이라 하겠다 보폭과 보폭의 행간의 뜻이라 하겠다 다시 꽃무릇이 피고 지는 일을 소소하게 바라볼 수도 있겠다

피었다가 지는 꽃무릇의 한 잎을 지금이라 하겠다
당신과 내가 걷는 길 위의 구름을 지금이라 하겠다
―「티키타카」 전문

우리는 견뎌왔기에 과거라는 역사를 만들었다. 하지만 디스토피아일 수밖에 없는 미래는 쉽게 "견뎌낼 수 없는" 시간으로 우리 앞에 놓여 있다. 다만 우리는 서로 주고받는 짧은 패스처럼 서로 단절되고 배제되어 결국 증오의 감정을 일으킬 수밖에 없는 상대에게 다가가는 "보폭의 너그러움"으로 견뎌야 한다. 그것이 바로 "지금"이고 우리가 이 가혹한 현실을

지켜내는 유일한 방법이다. 하지만 그것은 "꽃무릇의 한 잎"처럼 쉽게 서로 만나지 못하는 것이기도 하고 "걷는 길 위의 구름"처럼 허황된 것이기도 하지만 지금의 시간을 견디고 배제와 증오를 줄여나가는 가장 현실적인 그러나 또한 힘든 길이라는 것이 시인의 생각이다. 또 하나의 길은 경계를 벗어나는 좀 더 용감한 방법이다.

> 절벽이 높아서 한 번의 날갯짓으로도 날 수 있었던 눈부신 한때였다
>
> ―「라라랜드」 전문

이 짧은 시는 억압을 벗어난 해방감을 잘 보여준다. 높아서 날 수 있다는 것은 억압과 배제가 첨예할수록 그것을 넘어서려는 내적 에너지도 더욱더 강화될 수밖에 없다는 것이다. 비록 그것이 "눈부신 한때"의 짧은 경험일지라도 우리는 모두 이 벗어남과 다른 것 되기를 소망하지 않을 수 없다. 그런데 이런 벗어남은 어떻게 가능할까?

> 욕망의 시제는 지금 당장입니다
>
> 애인의 그림 속은 온통 갈라진 땅과 엎질러진 물과 컵 그리고 머리카락이 흩어져 있어요

안절부절입니다

발가락을 숨긴 낡은 구두를 그려요 아주 소심하고 은밀한 동작입니다

지금은 시기가 적절하지 않아요
나의 그 무엇,

불현듯은 욕망의 가장 적절한 표현입니다 꿈틀거리는 발가락은 욕망의 최고의 발현입니다

지금 애인의 그림 속 구두끈이 풀리고 있어요

어지러운 배경, 미세한 떨림

발가락은 더 거친 동작으로 갈라진 땅속을 깨고 나올 거예요 단정한 바비인형이 울고 있어요

불현듯, 말입니다
―「애인」 전문

발가락이 꿈틀거리고 "구두끈이 풀리고 있"다는 것은 속박의 경계를 넘어 무엇인가가 변화하고 있다는 "미세한 떨림"을 보여준다. 시인은 지금 당장 자신의 존재를 뒤흔드는 이 정직한 욕망의 힘이 현실이 강요하는 억압의 구두끈을 풀고 "갈라진 땅속을 깨고 나"오길 갈망하고 있다. 그 힘만이 진정한 사랑이고 배제와 증오로부터 우리를 구원할 유일한 길이다. 한 사람이 이 모두를 넘어 내게 다가오는 "애인"이 되는 것도 바로 이런 과정을 통해서라는 것이다.

4. 맺으며

강다인의 시는 아름다움을 보여주고 착함을 전하는 전통적인 서정시의 문법에서는 벗어나 있다. 배제와 억압과 증오가 만연하는 현실의 실상을 시인의 섬세한 촉수로 파악해서 우리에게 보여준다. 그래서 그의 시를 읽으면 현실의 고통이 느껴지고 암울한 디스토피아적 미래의 모습이 선연하게 다가온다. 하지만 시인은 이런 현실의 모습을 거칠고 직설적인 생경한 언어나 잔인하고 불쾌한 이미지로 보여주지는 않는다. 농밀하면서 때로 격렬하게 발산되는 내적 정서를 절제된 언어로 표현하고 있다. 이런 시인의 시적 태도는 다음 시에 잘 나타나 있다.

이야기는 끝났다

당신은 비스듬히 누운 자세로 다음 이야기를 기다려 건방진 아라비아 왕처럼 한쪽 손으로 머리를 받히고

널뛰는 고양이를 좋아하니 젖빛 안개 속에서 들려오는 웃음소리가 궁금한 새벽도 있었니 그렇지 않으면 책상 위 컴퓨터가 물어온 일일 드라마에 댓글을 달고 싶었던 적은

내 주치의 소견으로는 목이 심하게 부었으므로 더는 이야기를 계속하는 건 아주 위험한 일이라며 다소 과장된 표정을 섞어 엄포를 놓더군

차라리 사실을 털어놓고 비아냥을 기다려야 하나 아니면 이야기를 훔치기라도 할까

내 이야기는 하품거리
내 이야기는 농담거리

훔쳐 온 이야기는 틀림없이 당신을 흥분시키겠지
내 이름이 뉴스의 헤드라인을 장식할지도 모를 일

거리는 거짓말로 넘쳐나고 아가씨는 번쩍이는 불빛 아래서만 이야기를 늘어놓지 당연히 남자는 사랑스런 우리 공주라며 추켜세우더군

널뛰는 고양이 젖빛 안개 속 웃음소리 일일 드라마 댓글 웃기는 소리 하지 말라 그래

나는 지금 내 몸 어딘가가 가려워
말이 꿈틀거려 물고 있는 고양이를 뱉어버리라고
—「품위」전문

강다인 시인은 이런 자세로 시를 쓴다. 시적 대상에 대해 호기롭고 호전적이기까지 한 자세가 강다인이 생각하는 시인의 삶이며, 어쩌면 그것이 '절대'라는 세계에 이르기 위해 시인 스스로 내건 필수조건일지도 모른다. 강다인 시인의 도발적이고 감각적인 언어가 어디까지 향하게 될지 지켜보는 것도 앞으로 흥미로운 일이 될 것이다. 그 여정 끝까지 시인의 품위를 잃지 않기를 바란다.

시인동네 시인선 177

나는 예수의 사랑스러운 모델
ⓒ 강다인

초판 1쇄 인쇄	2022년 6월 13일
초판 1쇄 발행	2022년 6월 20일
지은이	강다인
펴낸이	김석봉
디자인	헤이존
펴낸곳	문학의전당
출판등록	제448-251002012000043호
주소	충북 단양군 적성면 도곡파랑로 178
전화	043-421-1977
전자우편	sbpoem@naver.com

ISBN 979-11-5896-479-5 03810

*이 책의 판권은 지은이와 문학의전당에 있습니다.
*양측의 서면 동의 없는 무단 전재 및 복제를 금합니다.
*잘못 만들어진 책은 바꿔드립니다.